La búsqueda

YOLO COUNTY LIBRARY
WITHDRAWN
WOODLAND, CA 95695

Alfonso Lara Castilla

La búsqueda

EDITORIAL DIANA
MEXICO

Diseño de portada: María Fernanda Cardoso
Fotografías de las páginas 17, 83, 98-99, 103 y 107,
María F. Cardoso.
Copyright © Alfonso Lara Castilla de las fotografías de las
páginas 8-9, 11, 24-25, 38, 112-113, 120, 124, 136-137 y 139.

© 1978, Alfonso Lara Castilla
© María Magdalena Lara Castilla

Derechos reservados

© 2009, Editorial Planeta Mexicana, S.A. de C.V.
© 1978, Editorial Diana, S.A. de C.V.
Avenida Presidente Masarik núm. 111, 2o. piso
Colonia Chapultepec Morales
C.P. 11570 México, D.F.
www.editorialplaneta.com.mx

Primera edición: octubre de 1978
Segunda edición: junio de 1987
Septuagésima octava reimpresión: marzo de 2009
ISBN-13: 978-968-13-1119-3
ISBN-10: 968-13-1119-1

Ninguna parte de esta publicación, incluido el diseño de la portada,
puede ser reproducida, almacenada o transmitida en manera alguna
ni por ningún medio, sin permiso previo del editor.

Impreso en los talleres de Offset Libra, S.A. de C.V.
Francisco I. Madero núm. 31, colonia San Miguel Iztacalco, México, D.F.
Impreso y hecho en México – *Printed and made in Mexico*

Con admiración. . .

A los hombres comprometidos consigo mismos, conscientes de su naturaleza, situación y potencial, en búsqueda continua de nuevos retos y excelencia, que les permitan sentirse satisfechos en las diferentes etapas y actividades de su vida.

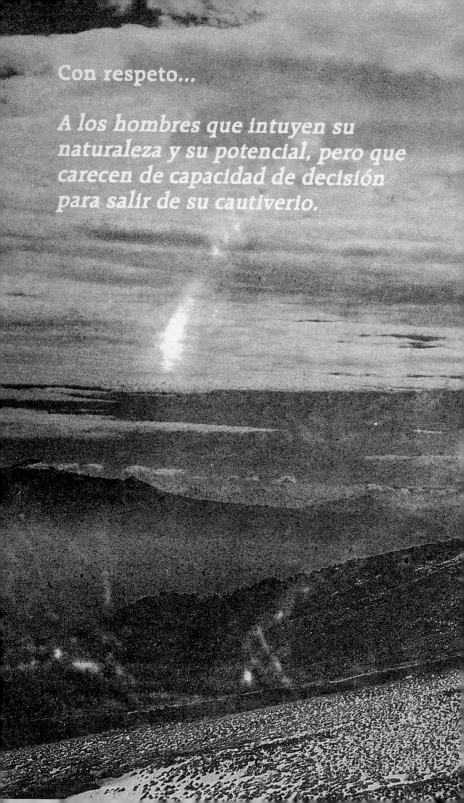

Con respeto...

A los hombres que intuyen su naturaleza y su potencial, pero que carecen de capacidad de decisión para salir de su cautiverio.

Y con esperanza...

A los hombres con espíritu y actitud de dependencia, que desconocen su naturaleza y su potencial y viven en el mar de la insatisfacción y de la mediocridad.

La montaña
¡Símbolo desafiante
de la vida!
Nos induce
a la decisión,
al riesgo. . .
a la acción

ENTRE las tormentas y los vientos, se encuentra la montaña, símbolo desafiante de la vida. Llena de belleza y de contrastes, imponente y digna, nos induce a la decisión, al riesgo, a la acción.

Al pie de esa montaña se encuentra el valle; tranquilo, seguro, sin inquietudes.

La naturaleza domina en el valle y en la montaña. Y con vigor y energía nos invita al reto, al crecimiento, a la realización: a una mayor afirmación de cada uno de nosotros con su propia existencia.

Cierto día, un granjero, conocedor de los secretos de la vida, caminaba por el valle, al pie de la imponente montaña.

De repente, se detuvo admirado. Iba a

tropezar con un huevo. Lo levantó con cautela, lo observó y se dijo:

"¡El huevo de un águila. . . aún caliente!"

Y se apresuró a ponerlo a salvo.

Las aves de corral lo recibieron con alegría. Gritaban:

—¡Algo nuevo! ¡Algo nuevo! ¡Es mío!. . .

Y se peleaban por empollarlo.

Una mañana, al salir el Sol, nació un lindo aguilucho, con todas las facultades y características para realizarse: para ser feliz.

Y. . . con el tiempo creció.

Conforme a su naturaleza, se fue convirtiendo en una preciosa águila. Recibió atención y protección. Aparentemente nada le faltaba.

El Águila se adaptó: pensaba, comía, se acurrucaba y dormía a la misma hora que todas sus compañeras.

No conocía más allá de los huecos y puertas del corral. ¡Sólo el corral!

A veces, algo la inquietaba: el lugar era muy chico, monótono y aburrido. Sentía una profunda soledad; sus alas estaban sucias y entumecidas.

Un día, comenzó a no estar de

acuerdo con el espíritu y actitud de las aves de corral.

Y. . . comenzaron los problemas. Por el suelo se encontraban plumas sueltas: las aves estaban desplumándose.

El Granjero desde hacía tiempo las observaba. Y llegó el momento en que decidió sacar al Águila del corral.

Con deseo de ayudarla, la tomó entre sus manos y le dijo:

—¡Tú eres un águila! Naciste con características propias que dan valor a tu ser. Tú, Águila, no permitas que te absorba el ambiente. A ti la naturaleza te ha concedido facultades que te permiten volar en las alturas. ¡Ser única! Ver más allá del valle y afrontar con decisión y agresividad las adversidades de la vida. ¡Sal de tu situación! ¡Remonta tu vuelo! ¡Has nacido para ser libre!

El Águila escuchaba en silencio y sorprendida. Miró y sonrió al Granjero. Bajó la cabeza, volvió al corral y buscó su comida.

Esa noche, despertó. Era como si todo hubiera sido un sueño. Empezaron a surgir dentro de ella fuertes inquietudes:

¡Sal de tu
situación
¡Has nacido
para ser libre!

"¿Quién soy? ¿Cuál es mi naturaleza? ¿Por qué estoy aquí? ¿Cuál es mi realidad?"

Y otras, cada vez más profundas.

Así permaneció durante largo tiempo. Por vez primera, se consideró distinta a las aves de corral. *Reconoció que hasta ese momento había vivido en estado de esclavitud.*

Sintió una tremenda fuerza en el pecho, en las alas, en la cabeza. Y se dio valor para preguntarse:

"¿Cómo pude perder mi libertad?"

En ese momento, apareció en su mente una cadena grande y pesada, como un grillete, que la sujetaba al corral.

Comenzó a entender la razón de su esclavitud. A reconocer cómo había llegado a esas horas de pasividad, de adaptación; cómo había cambiado sus oportunidades y sus valores por la seguridad; cómo llegó al servilismo y a su actitud de dependencia; cómo eludió responderse a sí misma, afrontar la vida y comprometerse.

Sintió dentro de sí... ¡más pesada su esclavitud que la libertad!

¿Cómo pude perder mi libertad?

Sintió dentro de sí...
¡más pesada
la esclavitud
que la libertad!

Su rostro reflejaba desesperación y angustia. Y se decía:

"¿Por qué esperar? Debo empezar a decidir y a actuar por mí misma, a dar mayor valor a mi existencia."

Conforme reflexionaba y comprendía su situación, sintió la necesidad de *¡comprometerse a vivir!* Al decidirlo, experimentó la sensación de que volvía a nacer; era como empezar a descubrirse. Cambió su expresión; esta vez reflejaba esperanza, entusiasmo y alegría. Entendió que éste era *su* momento. La oportunidad de salir de su situación. Aceptó que todavía le faltaba valor para actuar. Escuchó a su voz interior, que le gritaba fuertemente:

"¡Águila, inténtalo! ¡Águila, inténtalo! ¡Sal a la búsqueda!"

Al amanecer, se decía a sí misma:

"¡Por favor, inténtalo!"

Adquirió valor, y decidió intentarlo.

Cuando el Granjero volvió, se encontró con otra águila diferente; obsesionado por el deseo de que el Águila se realizara, la sacó del corral; la tomó nuevamente entre sus manos, esta vez con energía, le puso la cara frente al Sol, y le gritó:

—¡Águila, tú eres única! ¡Sé digna!
Entiende tu naturaleza. No te conformes
con ser ave de corral; cumple con tu
destino; desarróllate. Alcanza las
alturas. Comprométete y. . . ¡realízate!

Y. . . el Águila lloró.

Comprendió su naturaleza, su espíritu
de libertad: *lo que era capaz de hacer.*

Sintió dentro de sí, mezcladas, su voz interior y las palabras del Granjero, sinceras y profundas, que la invitaban a salir de su situación. *¡Entendió su compromiso!*

Majestuosa y digna, levantó la cabeza, sacudió su bello plumaje y emprendió su vuelo lentamente hacia las alturas.

¡Inició su búsqueda!

AL principio, voló a poca altura, en círculos. Sentía que sus alas estaban tiesas, sin experiencia. Le dolía dejar atrás a su Granjero y a aquellas aves de buena fe. En esos momentos temblaba de emoción y de gozo.

Conforme pasaba el tiempo, volaba cada vez más alto. Sus ojos estaban ávidos de lo desconocido. Temía lo que iba a encontrar allá arriba.

Al subir, le embriagó la altura, la velocidad: ¡la libertad! Era tal su emoción, que los vientos, las corrientes y las tormentas de la vida la zarandearon y dirigieron a otros lugares, casi sin darse cuenta. No podía controlarse, como que todo escapaba del dominio de su voluntad y... se dejó llevar.

Voló sin rumbo, durante todo el día y toda la noche. Se sentía agotada, cuando se dio cuenta de que volaba sobre un lago tranquilo.

Allí, se encontró con dos barcos. Decidió posar sobre uno de ellos. Escuchó cómo dialogaban:

—¿A dónde vas?

—No lo sé.

—¿De dónde vienes?

—No lo sé.

—¿En dónde estás?

—No lo sé.

—¿Sabes quién te guía y cuál es tu destino?

—No lo sé. Pero ¿por qué preguntas tanto? —le contestó molesto; y afirmó:

—¿Acaso no te han dicho que las corrientes y los vientos son los que guían nuestro destino?

Y. . . siguió indolente su camino.

Al escuchar esto, el Águila sintió un estremecimiento: comprendió que inconscientemente ella también se había dejado manipular por la situación y por los dictados de los vientos y las corrientes. Había dejado de utilizar sus facultades de dirigir y controlar su destino.

Le preocupó su actual situación y su futuro. Reconoció que no debía permanecer pasiva. Sintió entonces una imperiosa necesidad de dirigir su propio destino,

y decidió enfrentarse
y retar a la vida.

Emprendió su vuelo con mayor seguridad. Comenzaba a sentir dentro de sí una energía propia, que la impulsaba a reflexionar y decidir.

Y se preguntó:

"¿Por qué siento dentro de mí esta energía?"

Empezó a escuchar su voz interior que lentamente le respondía:

"Es una fuerza interna que todos poseemos, pero que pocos la entienden y mantienen viva. A muchos, con las primeras lluvias, se les apaga. Otros, no la desarrollan y se les consume.

"Tú debes conservar esa energía interior, madurarla y engrandecerla. Es la llama que te fortalecerá en la búsqueda de respuestas, valores e ideales superiores; que otorgará expresión a tus actos.

"Es una energía natural, que no te permitirá caer en el fango de los instintos, y que te dará vitalidad en cada momento de tu vida.

"Es la llave
que te guiará
a la búsqueda
de respuestas,
valores
e ideales
superiores"

"Si no la avivas, el ambiente y tu debilidad la apagarán. Comenzarás a vegetar, a conformarte con lo que tienes, a esperar que todo te lo den.

"Aprovéchala y dirígela hacia tu realización; no permitas que se te apague. Será tu compañera hasta la muerte. . ."

Y su voz interior, dulcemente se fue perdiendo.

Segura de sí misma, comenzó a controlar sus ansiedades y temores, a reflexionar sobre opciones, barreras, alternativas y oportunidades. *A dirigir su propio destino.*

Conforme adquiría conciencia de su realidad y de su reto, se iba despertando en ella la necesidad de profundizar, de buscar un significado real a su existencia, de encontrar:

¿Cuál es el destino de las águilas?

Comprendió que se había
dejado manipular por los
dictados de los vientos y las
corrientes

A L reafirmar su búsqueda, el Águila experimentó un nuevo sentimiento: *el poder actuar por sí misma.*

Siguió volando por mucho tiempo. Mientras reflexionaba sobre sus inquietudes, conductas y objetivos, observaba con dulzura y curiosidad la naturaleza, los seres y los bienes de la vida.

En un atardecer sombrío, su vuelo la llevó al pie de la montaña, a un lugar donde habitaban muchas águilas. A la primera en encontrar, le preguntó:

—¿Cuál es el destino de las águilas?

Como si estuviera muerta en vida, el águila le contestó:

—Comer, beber, procrear, divertirse, trabajar lo menos posible y terminar

nuestros días en un asilo y, después, en una fosa común.

Luego, añadió:

—Las águilas somos criaturas mediocres y mal hechas: hemos nacido con mala estrella. Nunca existen oportunidades para nosotras. Ganamos apenas para subsistir. No tenemos cabeza para prepararnos ni para ser felices. Nada nos satisface ni nos da una razón para vivir. Nunca estamos conformes con nosotras. Me junté con el Águila Gris; tenemos diez crías. Y siempre se han quejado de mí. Te invito a tomar con los amigos y hacer cosas que no nos cansen: a matar un poco el tiempo. Recuerda los consejos sinceros de un amigo: No te comprometas; no te arriesgues; no te esfuerces tanto. No vale la pena.

El Águila se retiró triste, y se preguntó:

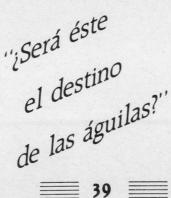

"¿Será éste el destino de las águilas?"

EL Águila prosiguió su búsqueda. A su lado, casi chocando con ella, pasó a gran velocidad un águila llena de actividad. Corría agitada de un lado para otro.

El Águila se apresuró a seguirla, y le preguntó:

—¿Sabes cuál es el destino de las águilas?

El Águila Activa, sin detenerse, de inmediato le contestó:

—No dispongo de tiempo para pensar en esas cosas. Tengo que decidir cómo descansar mañana, a quién engañar, a quién arrebatarle su presa sin esfuerzo. Y muchas otras cosas de suma urgencia.

Y... el Águila Activa siguió su camino.

Confundida por esta extraña actitud, el Águila se detuvo de nuevo a reflexionar, a tratar de responder el "porqué" y el "para qué" de su búsqueda.

Después de reorientarse y de adquirir nuevamente conciencia de la razón de su búsqueda, al pie de la montaña encontró a un águila pasiva. Y le preguntó:

—¿Qué haces?

—Nada —le contestó.

Sorprendida, le dijo:

—¿Y por eso te pagan?

—Claro —respondió satisfecha.

—Y ¿qué harás mañana?

—Mañana es mi día de descanso.

—Pero ¿de qué descansarás?

—Pues ¿qué, no has visto? ¡De trabajar!

Y el Águila Pasiva continuó descansando.

El Águila se entristeció al ver esa actitud pasiva de las águilas hacia sí mismas y hacia la vida. Y profundamente desorientada, comenzó a preguntarse:

"¿Qué nos está pasando? Si la acción es el medio de expresión de las águilas,

¿por qué nos están
enseñando a
no expresarnos

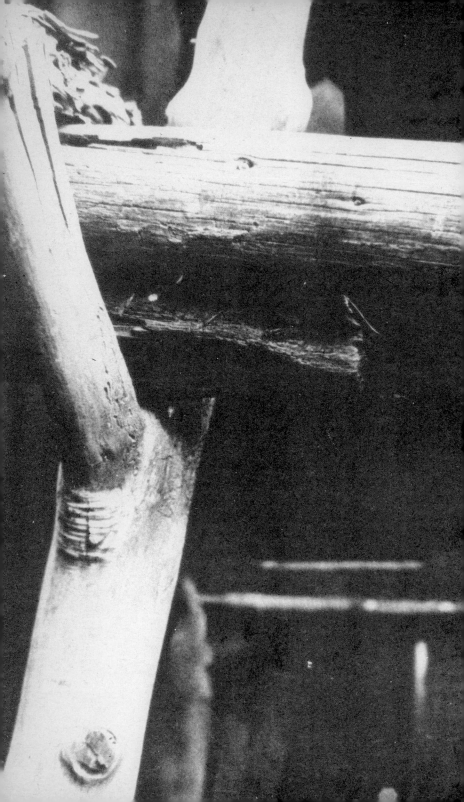

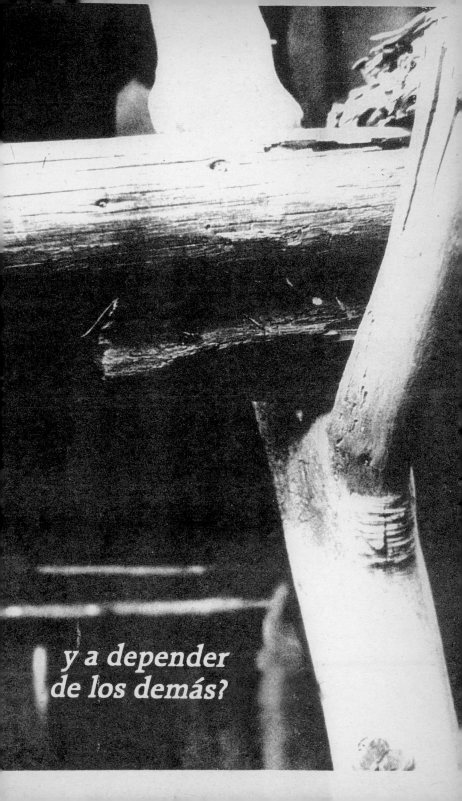

y a depender de los demás?

Aún no se contestaba todas sus interrogantes, cuando a cierta distancia descubrió en la misma actitud (¡también descansando!) a un grupo de águilas.

Al acercarse escuchó lo que decían:

—Hermanas —comentaba una de ellas—, debemos sentirnos orgullosas: hemos progresado. *Las águilas ahora valemos mucho.* Hemos logrado un máximo de seguridad. Nuestros esfuerzos comienzan a dar fruto. Y éstas son nuestras conquistas: muchas prestaciones, un mínimo de horas de trabajo, continuas vacaciones y puestos vitalicios. Es una satisfacción manifestar que cada día contamos con más adeptos, y que nuestras ideas se han difundido por el mundo. Hemos logrado poder, seguridad y comodidad.

—Yo, hermana —respondió una de las otras—, no estoy tan satisfecha: nos falta mucho por conquistar. Aun hoy día, a veces, ¡hasta tenemos que trabajar!

Y el Águila se preguntó a sí misma:

"¿Será éste
el destino
de las águilas?"

D ESEÓ ardientemente huir; volar hacia otro lugar del valle. ¡Buscar algo mejor!

De repente, divisó a otro grupo de águilas. Y las estuvo observando por largo tiempo: estaban manejadas por un águila de enorme tamaño, que usaba su fuerza y su poder para centralizar las decisiones y cometer arbitrariedades e injusticias.

Al principio, las águilas se mostraban prudentes y sensibles, y censuraban las decisiones del Águila Poderosa. Al ser rechazadas, intervenían de nuevo con cautela; y así, hasta que fueron adiestradas para actuar cobardemente, con pesimismo, y a bloquearse unas a otras.

Después, únicamente trataban de quedar bien con el Águila Poderosa, dejando correr las cosas y actuando en forma disimulada.

El ambiente poco a poco se volvió hostil y agresivo. Para entonces las águilas se habían convertido en incapaces, inútiles, insatisfechas y cobardes; ya no hablaban. Sólo obedecían y aceptaban órdenes como mansos corderos. Observaban temerosas cómo humillaban y despreciaban a sus compañeras, sin miramientos, con injusticia. Actuaban angustiadas, como si hubieran perdido el amor a la vida, al trabajo y... a sí mismas.

Al acercarse, buscando comprenderlas, escuchó a un águila que exclamaba:

—¿Por qué a mí? Yo tengo familia. He actuado siempre con lealtad; no tienen por qué despedirme. Nunca me ha importado lo difícil del trabajo, ni el exceso de horas trabajadas. Muchas veces he sacrificado mis deseos y el bienestar de mi familia por las necesidades del trabajo. No creo que sea justo. ¿Por qué debo aceptar ser la culpable?

El Águila, al escucharla, se sorprendió, y le preguntó con curiosidad:

—¿Qué te dijo el Águila Poderosa?

—Aún escucho sus palabras y su tono —contestó el Águila Despedida—. Me dijo: ¿Por qué te alteras? Alguien tiene que ser la culpable; no puedo ser yo, por la importancia de mi labor. Confórmate: hay otras que serán despedidas sin compasión; tú, al menos, has logrado que te hable con franqueza; recuerda que tu lealtad te ayudará; algún día serás recompensada. Así tenía que ser.

—Y ¿qué pasó con tus compañeras? —preguntó el Águila.

—Mis compañeras han perdido la noción del tiempo y del espacio, de los valores fundamentales; se han convertido en conformistas, hipócritas y serviles.

El Águila meditó sobre esta realidad, y se preguntó:

"¿Cómo es posible que el abuso del poder de algunas águilas convierta a las demás en temerosos y mansos corderos?"

Una vez más, voló por encima de ellas con el fin de observarlas mejor. Se dio cuenta de que actuaban realmente como

águilas robotizadas:
  águilas con rostros pálidos,

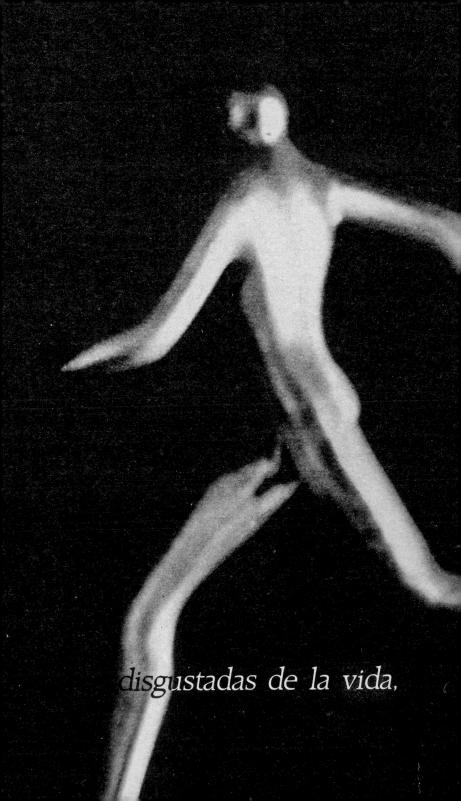

disgustadas de la vida,

manipuladas, como si hubieran perdido su espontaneidad y su valor, y como si no reflexionaran. ¡Siempre en actitud de espera!

Advirtió que dependían de las orientaciones de la publicidad, de la información ligera, de los rumores, las frivolidades y las "ofertas", y que gozaban de ello. Que solicitaban todo lo sencillo para poder entenderlo sin pensar.

Con desconsuelo y amargura se preguntó:

"¿Será éste
el destino
de las águilas?"

UNA mañana, cuando el Águila practicaba su vuelo, descubrió a un águila conocedora de las letras y de las palabras, que vivía enalteciendo el amor y la bondad; oraba y enseñaba.

En el momento en que se encontraba puliendo sus letras sobre el amor, se le acercó un águila necesitada y le suplicó:

—¡Ayúdame!

Con desagrado, el Águila Conocedora le contestó:

—No tengo tiempo.

—¡Por favor, ayúdame! —insistió el Águila Necesitada.

—¡Déjame en paz! —contestó despectivamente el Águila Conocedora.

Y siguió escribiendo palabras acerca de la sabiduría y el amor.

Sin dejar de observar y analizar los hechos, el Águila pensó para sí misma:

"¡Pobre Águila! ¡Qué lejos está de la verdadera sabiduría! ¡Sabiduría y palabras, pero sin respuesta! ¡Qué difícil es entender a las águilas!"

Y voló hacia el otro lado de la montaña. Buscaba comprender su medio, sus valores, la razón de la conducta de las águilas.

Cierto día, llegó a un lugar frío y oscuro del valle, donde todo era escaso. En él vivían muchas aves.

Observó cómo una gran cantidad de águilas y de buitres, sucios, enfermos y casi sin alas, se picoteaban unos con otros, se peleaban y hasta se comían entre sí. El Águila cerró los ojos y pensó:

"¿No estaré soñando? ¿Es ésta una horrible pesadilla? ¡No puede ser cierto! Las águilas no podemos llegar a comportarnos de esta manera."

Confundida y avergonzada de sí misma, se retiró de ese lugar. Rechazó la posibilidad de que éste fuera el destino de las águilas.

Cuando volaba a cierta altura, escuchó unos gritos decididos, de un grupo de águilas que, como si todo estuviera ensayado, decían:

—¡Libertad! ¡Enajenados!... ¡Sistemas caducos! ¡Debemos cambiar las estructuras!... ¡Acción! ¡Acción!... ¡Antes que sea tarde!

El Águila se asombró de la energía y seguridad con que gritaban. Atraída por la curiosidad, se acercó a una de las águilas más "comprometidas", y le preguntó:

—¿Qué piensan hacer después de esto?

—¡Nada! Pero... ayúdanos a gritar.

Decepcionada de la conducta de las águilas, se preguntó en voz alta:

"¿Será éste el destino de las águilas?"

OTRA águila, que había escuchado su pregunta, se acercó y le contestó:

—Ése no es el destino de las águilas. ¿Ves esas figuras tristes y deformes que viajan por todos los rumbos de la Tierra y cuyo autor dice que son de un lugar de cuyo nombre no quiere acordarse? Escuchémoslas y *encontrarás el destino de las águilas.*

Las águilas se acercaron en el momento en que el fiel escudero preguntaba a su señor:

—Perdone, vuesa merced; deseo entender: ¿qué ha hecho el mundo de vuestros ideales, conquistas y hazañas?

—Advierte, hermano —replicó el de la Triste Figura—, cómo nos han dejado convertidos en tuercas, tornillos y rondanas. Mira mi Rocinante: ¡un monstruo mecánico! ¡Oh desgracia! Pero no te desilusiones: el cielo advierte nuestra presencia. Hágote saber que el mundo, más que nunca, necesita de águilas con valor y profundo respeto a sí mismas y a la humanidad, que cambien nuestra mecanizada, autómata y triste figura. ¡Ea, hermano, sigue adelante y espera!

—No entiendo —aseveró el Águila a su acompañante.

Y ésta añadió:

—Esas figuras convertidas en tuercas, son el símbolo de los valores e ideales trascendentales de todos los seres. Dentro de su largo recorrido a través de la historia, han cambiado su imagen. Ahora, se encuentran como si nuestros ideales estuvieran automatizados, mecanizados y metalizados; como si hubiéramos perdido el gusto por el amor, la justicia y la bondad.

"... son el símbolo
trascendental
de los valores
e ideales
de todos
los seres".

Al caminar las mecanizadas y tristes figuras, se oía el crujir de tuercas, láminas y tornillos oxidados por el tiempo.

El Águila Acompañante siguió hablando: de la historia y evolución de las águilas; de sus ideologías, conductas y conceptos; de su valor e importancia sobre la Tierra; de los problemas para sobrevivir, para ser felices.

Una tarde, cuando contemplaban juntas una puesta de Sol, el Águila Acompañante afirmó:

—Hemos hablado de la vida, de la naturaleza y de las cualidades y valor de las águilas. Pero no te he preguntado: tú ¿qué buscas?

El Águila contestó:

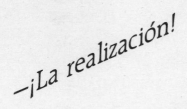

—¡La realización!

E L Águila Acompañante guardó
silencio por un momento; y luego,
como pensando en voz alta,
respondió:

—*Para realizarte, debes aprender a
volar alto,* y llegar a la cima de la
montaña. En este valle es algo que no
nos permitimos. Deja que te lo explique
de otra manera: ¿Ves aquel grupo de
cangrejos que han colocado en aquella
fosa? Al principio, cuando llegan a ella,
todos están ansiosos por destacar; se
encuentran entusiasmados y con deseos
de realizarse. Pero al ver que alguno
trata de sobresalir, los demás se suben
encima de él, hasta que el peso lo hace
desistir, hundiéndolo de nuevo hasta el
fondo. Ahora se encuentran todos

agotados, pasivos, desconfiados, esperando que alguien intente realizarse, para bloquear su intento. Aún les queda la esperanza de que vengan nuevos cangrejos, para continuar el "juego".

Y concluyó diciendo:

—¡Así actuamos las águilas aquí!

El Águila, tratando de comprender las enseñanzas, preguntó a su compañera:

—¿Alguna de ustedes ha volado alto?

—Sí —contestó la acompañante—: nuestra Máxima Dirigente.

—Y ¿cómo lo logró? —preguntó ingenua el Águila.

—Hasta ahora no lo hemos podido entender. Llegó hace pocos años; era un águila joven, llena de energía y entusiasmo; trabajó con empeño y dedicación. Un día se le acercaron un grupo de águilas "hermanas", y le dijeron: "¿No crees que estás trabajando demasiado? Aquí tienes que trabajar a un ritmo más lento. Si no lo haces, nos exigirán y explotarán más a todas. No trates de lucirte; no hagas caso de las águilas jefes; no debes trabajar horas extra. ¡Estás advertida! Si lo haces, tendrás problemas con nosotras". El Águila Joven hizo lo que creyó más conveniente. Al poco tiempo, la subieron de nivel. Sus nuevas "hermanas", le reafirmaron las amenazas anteriores: "No hagas cosas nuevas. No te comprometas: que el águila-jefe decida; para eso le pagan. No pierdas tiempo preparándote". El águila siguió trabajando con entusiasmo y alegría. Fue escalando nuevos niveles, hasta llegar a ser la Máxima Dirigente.

En ese momento, las interrumpió la llegada de la caravana de la Máxima Dirigente. Venía acompañada por todo su séquito de serviles seguidores.

—¿Crees que podamos preguntarle cómo logró volar tan alto? —expresó el Águila.

—Sí —contestó el Águila Acompañante.

El Águila se acercó cautelosamente a ella, y le preguntó:

—¿Cómo llegó usted a ser la Máxima Dirigente?

—¿Qué? —contestó, como si no se hubiera enterado de la pregunta.

—Que cómo llegó usted a ser la Máxima Dirigente —repitió el Águila.

—Perdone —le dijo—: podría hablar más alto, porque... ¡soy sorda!

El Águila se retiró de la presencia de la Máxima Dirigente. Acababa de explicarse la razón de su éxito.

Su acompañante se dirigió a ella de nuevo:

—¡Ahora yo también comprendo todo!: en esta comunidad se requiere estar sorda para lograr sobresalir y realizarse.

Al Águila le pareció el valle cada vez más triste y sombrío. Sintió temor de aceptar que éste fuera el destino de las águilas.

Permaneció volando por un tiempo junto a su acompañante. Comenzaba a comprenderla.

Al llegar a la parte baja del valle, encontraron a otro grupo de águilas que caminaban casi arrastrándose, como si fueran gusanos o serpientes.

Escondían sus alas,
temiendo que alguien
las invitara a volar.

El Águila preguntó a su acompañante:

—¿Qué les pasó?

—Hace tiempo que les limitaron las oportunidades de realización: les cortaron las alas para que no volaran. Al principio, intentaron volar, pero no tuvieron éxito. Insistieron una y otra vez. Hasta que llegó un día en que se consideraron incapaces. Ahora ya ni lo intentan, pues lo consideran un esfuerzo inútil.

—Pero ¿por qué no vuelan, si sus alas ya crecieron?

—Porque ellas sienten y creen que las tienen cortadas. Ellas mismas mentalmente se las han cortado. No aceptan que las alas sirvan para volar; que las águilas hayamos nacido para ser libres, para vivir y volar en las alturas. Se han acostumbrado a arrastrarse sobre la tierra. ¡A conformarse con su desgracia! Pasará mucho tiempo antes de que intenten volver a volar. Son seres que han perdido la fe y la esperanza. Seguirán arrastrándose, temerosas, frustradas e insatisfechas consigo mismas y con el mundo.

El corazón del Águila se compadeció; sintió una profunda tristeza al ver en lo que se había convertido ese grupo de águilas.

Y el Águila Acompañante añadió:

—Tú, Águila, no te quedes con nosotras en el valle.

Sigue tu búsqueda, si quieres volar alto.

—¿Por qué no vienes conmigo? —preguntó el Águila.

El Águila Acompañante, reflejando en sus palabras una gran indecisión, le respondió:

—Aquí nunca me he sentido satisfecha, porque no veo la oportunidad de realizarme. Pero esta situación tiene una importante ventaja: ¡da seguridad! Y con eso estoy conforme.

Al escuchar el Águila estas palabras, todo su ser se estremeció de tristeza. Comprendió cómo, a veces, los seres sacrifican sus ideales, objetivos y valores, por los beneficios de una engañosa y pasajera seguridad.

Se han
acostumbrado
a arrastrarse
sobre la tierra.
¡A conformarse
con su
desgracia!

Después de vivir estas experiencias, el Águila se detuvo a reflexionar. Buscaba entender el porqué de las actitudes y espíritu de mediocridad y dependencia en que vivían las águilas; de los ambientes destructivos; del condicionamiento; de la automatización de los ideales y de la podredumbre de las águilas que viven carentes de realización, en la oscuridad y en el fango del valle. Hasta que llegó a comprender que el mayor problema se encontraba dentro de sí mismas.

Obsesionada por encontrar una respuesta, se preguntó de nuevo:

"¿Será éste el destino de las águilas?"

POR primera vez, el Águila dudó: entre seguir su búsqueda y llegar a la cima de la montaña, o desistir y quedarse en el valle de la oscuridad con sus hermanas. En esos momentos sintió que la necesitaban.

Y la envolvió un fuerte dolor de cabeza, como si le fuera a estallar. El ambiente comenzó a estar tenso y cargado. *No lograba entender lo que sucedía.*

Experimentó una gran ansiedad en el pecho. Surgieron en ella deseos de golpear, de correr, de hacer algo. De escapar o esconderse.

Sufrió dentro de sí un desequilibrio, un rompimiento, un sentimiento profundo que cada vez más la

trastornaba, deprimía y angustiaba.
Comenzó a perder valor y seguridad.

Esa noche, el Águila voló dentro de las corrientes, los vientos y las tormentas de la vida. Y fue atrapada por unas fuerzas extrañas, que la arrojaron estrepitosamente, con un fuerte impacto, por la ventana de un oscuro granero.

Desconcertada y aturdida, intentaba inútilmente salir. Comenzó a golpearse en las puertas y en las paredes. En la oscuridad únicamente se oían los aletazos y golpes que el Águila se daba contra los obstáculos.

Herida y ensangrentada, se desvaneció.

Al recobrar el conocimiento, intentó salir de su crisis. Cegada por su descontrol y cada vez más molesta consigo misma, continuaba actuando sin razón e inconscientemente.

Sus ojos comenzaron a reflejar tristeza y derrota.

Casi desistía, cuando escuchó su voz interior, dulce y amable, que le decía:

"Reflexiona,
analiza tu situación,
¡Busca la luz!"

El Águila se quedó paralizada. Por un tiempo no reaccionó. Se mantuvo tensa, con la vista perdida, sin movimiento. Escuchó por segunda vez a su voz interior, que la alentó diciendo:

*"¡Dejar de luchar
es comenzar a morir!"*

Estas palabras le despertaron una esperanza por la vida. Todavía casi sin fuerza, logró preguntarse:

"¿Qué me pasó? ¿Por qué he dejado de utilizar mis facultades, de comunicarme a mí misma, de razonar, de autocriticarme, de orientar mis actos y de tomar decisiones? ¿Por qué me he dejado llevar por los instintos y las emociones? Debo recobrar el equilibrio. ¡Necesito actuar! Salir de mi crisis. Es preciso que utilice esa voz interior con la que he aprendido a comprender y a enriquecerme; ella representa mi oportunidad de intimar, reflexionar y conocer en forma sincera, mis conceptos, valores y decisiones de vida."

Decidió salir de su crisis. Lo intentó varias veces, por diferentes caminos. Analizó las posibles acciones para superarla. Comenzó a reevaluar sus acciones y decisiones, a cuestionarse, a cambiar sus actitudes y a reorientar su búsqueda.

Hasta que, al fin, logró entender conscientemente *lo que deseaba y podía realizar, conforme a su naturaleza y circunstancias.*

Y ratificó su reto: llegar a la cima de la montaña. Este reto le permitió renovar su equilibrio y recuperar su honor, dignidad y orgullo. Sintió dentro de sí un nuevo amanecer.

Decidió actuar. Levantó su vuelo con seguridad, salió por la ventana del granero. Volvió otra vez a las tormentas y a los vientos, pero esta vez. . . con una nueva actitud, hacia sí misma y hacia la vida.

Descubrió que las crisis son algo doloroso y difícil, pero sublime; algo que afirma y desarrolla el espíritu de las águilas. Y que a los vientos, a las tormentas y a las corrientes de la vida, es necesario desafiarlos, para que nos ayuden a sostener y elevar nuestro vuelo. Decidió desafiarlos integrándose a ellos.

Segura y decidida, el Águila voló a la búsqueda de la montaña, dispuesta a conocerla y retarla.

Al llegar a ella, la contempló y admiró su belleza. También reflexionó sobre su conquista: comparó los obstáculos, riesgos y desafíos al escalarla, con las decisiones de nuestra vida cotidiana, con los

problemas que es necesario superar para lograr una vida plena de realizaciones.

La montaña significó para ella la vida la visión, el coraje y las oportunidades. Despertó en su interior un reto a su propia existencia. Deseó ardientemente llegar a la cima.

Consciente de su realidad, comenzó a actuar con mayor seguridad. Gozaba de la altura, los vientos y las corrientes. Empezó a jugar; revoloteaba, cantaba y hasta remedaba a las otras águilas, en una actitud abierta, dejando así que sus sentimientos brotaran sin negarlos.

¡Buscaba ser ella, única, diferente y libre!

Expresó sentimientos de ternura y cariño hacia los demás, y buscó con ingenuidad entender a la naturaleza, a los seres vivos y a los bienes de la vida.

Con plena conciencia de su realidad, de sus necesidades y de los obstáculos con que tropezaría, decidió fijar su objetivo:

¡Alcanzar
la cima
de la montaña!

E L Águila abandonó el valle de la oscuridad. Y continuó su búsqueda.

En su ascenso, aprendía algo nuevo en cada obstáculo y en cada situación. Gozaba dentro de sí, sin considerar el tiempo ni el esfuerzo. Hasta que fue logrando, en cada etapa, una mayor afirmación a la vida.

Cuando se encontraba a gran altura, descubrió sobre las nubes a un águila serena, majestuosa, segura de sí misma. Y le preguntó:

—¿Cuál es el destino de las águilas?

El Águila Segura de sí le contestó:

—¡La *realización*!

Al escuchar esta respuesta, anhelada y casi imposible, observó sorprendida la actitud del Águila Serena, sus alas, su plumaje. Y le dijo:

—¿Qué es lo que me ha sucedido? Partí hace tiempo en busca de la realización. Me preguntaba: ¿qué es?, ¿cómo encontrarla? Muchas veces me dije: Ando a la búsqueda de un ideal que no existe. La realización es imaginaria; seguir buscando significa vivir de fantasías e ideales, derrochar energías.

El Águila Serena la escuchó atentamente, y le contestó:

—¿No será que desconoces la esencia de tu búsqueda?

Y explicó:

—Buscar significa estar abierta, contemplar y sentir lo que te rodea y es propio. Es identificar, en cada etapa del camino, el valor de las águilas, engrandeciéndolas, superándote a ti misma, a tu propia naturaleza y a las circunstancias. *La realización es un camino constante*, en el que haces participar y desarrollar todas tus potencialidades.

La realización es crecimiento continuo de tu ser,

con el que vas satisfaciendo las necesidades superiores que te acercan más a tu propia naturaleza. *Es algo que encontrarás y desarrollarás dentro de ti.* Es un sentimiento que puedes aprender a identificar, experimentar y evaluar. *Es éxtasis y plenitud para el que lo siente.* Será siempre en ti un aumento de esencia vital. *El Águila realizada se encuentra en ti, en forma potencial.* Es necesaria tu decisión para desarrollar y orientar toda tu energía interior, *para despertar dentro de ti el compromiso que tienes contigo misma.*

Varias veces pasearon juntas por el valle. El Águila Serena le hablaba sobre los secretos de la vida, el destino de las águilas, la realización y la filosofía de compromiso al servicio de las águilas.

Descubrió el Águila que su acompañante actuaba con una percepción clara y veraz de la realidad, con una actitud de reto hacia la vida; que en cada actividad veía la oportunidad de realizarse; que actuaba en forma espontánea, alegre y sincera; y que se detenía constantemente para apreciar y experimentar, con el empeño de conocer y entender en forma ingenua la naturaleza y los bienes de la vida.

También observó cómo el Águila Serena, a cada instante, trataba de influir en el medio a través de sus acciones; cómo llevaba sus pensamientos y sus valores a la acción; cómo actuaba con libertad interior y exterior; y cómo controlaba las situaciones y autodirigía sus acciones. *¡Se gobernaba a sí misma!*

El Águila, admirada por estas enseñanzas, procuró entenderlas y asimilarlas. Comprendió a través de la conducta y actitud del Águila Serena, su profundo conocimiento y comprensión de la vida: sabía qué hacer en cada situación, cuándo hacerlo y el porqué de las cosas y de las reacciones de los seres. Conocía los secretos de la vida.

Un día, el Águila le preguntó:

—¿Cómo puedo llegar a comprender los secretos de la vida?

—Comenzarás a descubrirlos por ti misma —contestó el Águila Serena— cuando logres actuar con una conducta de compromiso en cada acto de tu vida.

Como un destello, el Águila sintió dentro de sí el despertar de deseos y necesidades más sublimes. Y preguntó:

—¿Cómo puedo comprometerme conmigo misma?

El Águila Serena afirmó:

—En primer lugar, necesitas ubicarte dentro de ti y en el mundo: *ser lo que deseas y puedes ser, conforme a tu naturaleza y circunstancias.* Lo lograrás cuando aprendas a ver y a sentir en cada etapa y situación de tu vida, lo que te es propio; aquello que tiene valor y te satisface; lo que te atrae y te permite aplicar y desarrollar tu talento, habilidades y potencialidades. Y encontrarás tu lugar cuando consigas tener la capacidad de entender y decidir el momento y la oportunidad. En ese instante, te sentirás en un estado de afirmación vital a la existencia y adquirirás una nueva dimensión de tu vida y del mundo. Además, para vivir y sentir tu compromiso, necesitas *integrar tu propia filosofía,* que te permita expresarte individualmente, que dé dirección y valor a tus actos, y que te ayude a engrandecerte, a dignificarte, a utilizar más tu ser y tu voluntad, para que logres mayores grados de satisfacción, de felicidad. El compromiso

¿No será que has buscado
demasiado,
que de tanto buscar no has
tenido ocasión de encontrar?

aparecerá dentro de ti cuando consigas actuar *con plena conciencia de tu realidad individual y social,* cuando logres que en cada uno de tus actos intervenga plenamente tu voluntad. Y experimentarás el compromiso cuando alcances a dirigirte a ti misma, controlando y dirigiendo tus facultades, instintos y ambiente, así como las situaciones internas o externas que se te presenten.

El Águila seguía con mucho interés todas las respuestas a sus inquietudes. Sentía que algo importante comenzaba a cambiar dentro de sí. Y solicitó al Águila Serena que prosiguiera.

Ésta, satisfecha, prosiguió diciéndole:

—Tú, Águila, llegarás a reforzar tu compromiso cuando adquieras *capacidad para decidir y correr riesgos por ti misma* y actúes dentro de un proceso de vida lleno de alternativas, opciones y oportunidades, que te permitan superar las indecisiones y aprender a tomar decisiones vitales, circunstanciales o habituales, así como a prever y aceptar tus consecuencias. El compromiso comenzará a formar parte de ti cuando, en cada etapa de tu vida, adquieras la *capacidad intelectual, moral, espiritual y física para darte respuesta a ti misma, a tu familia, a las organizaciones y a la sociedad.* Y sentirás con mayor intensidad el compromiso

cuando desarrolles tus facultades naturales de crear y transformar;

de hacer algo diferente o único; de darle valor a tus ideas y a la vida; y transformes todo aquello que te haga trascender y dejar una huella en la historia. Y cuando llegues a vivir dentro de una conducta de compromiso, éste se

¡Ser lo que deseas
y puedes ser,
conforme
a tu naturaleza
y circunstancias!

convertirá en una condición fundamental en tus pensamientos y conductas, en las diferentes relaciones y actividades de tu vida.

El Águila Serena, al terminar de hablar, invitó al Águila a profundizar en la reflexión, a meditar sobre su conducta, sentimientos y deseos.

Durante un tiempo, se mantuvieron volando juntas en las mismas alturas. Hasta que el Águila se contestó a sí misma, en forma consciente, y expresó en voz alta:

"¡Acepto el compromiso de vivir!"

EL Águila Serena se regocijó al observar cómo se iban transformando la conducta, pensamientos y decisiones del Águila. Y, satisfecha, se remontó a la cumbre de las montañas.

Consciente de su compromiso, el Águila prosiguió su búsqueda.

Al volar encima de las nubes, se encontró con un águila que hablaba sola. Se decía:

"¿Por qué siempre se burlan de mí, y me tildan de loca? ¿Sólo porque profeso que para realizarse es necesario caminar constantemente y, en cada paso, morir un poco?"

—¿Qué significa morir un poco? —preguntó desconcertada el Águila.

—Morir un poco significa caminar continuamente y, en cada paso, analizar, sentir, disfrutar y darle valor a la vida. Es dejar atrás lo experimentado, vivir en forma intensa el presente, proyectándolo hacia el futuro. Es salir de la apatía, de ese conformismo vegetativo en que muchos nos encontramos, para entrar en un proceso de existencia consciente.

Morir un poco significa
aprender a caminar,
dejar algo valioso
en cada paso,
para volver a nacer.

Al terminar de decir estas palabras, el Águila Consciente daba la impresión de que acababa de morir.

En su largo recorrido, el Águila encontró un lugar lleno de belleza, donde cantaba un hermoso pájaro azul. Su canto era de paz, esperanza y alegría.

El Águila se acercó cautelosamente a él, y le preguntó:

—¿Quién eres?

—Soy el Amor —contestó el Pájaro Azul—. El ser más codiciado por todos. Vivo deseoso de anidar en el corazón de las águilas; pero no me lo permiten y... muchas veces me han visto sollozando. Las águilas inconscientes no me entienden; las hipócritas quieren hablar de mí sin poseerme; las vanidosas me quieren para exhibirme; las envidiosas me desean porque otras me tienen; y las ególatras, para utilizarme en su beneficio y explotarme hasta que pierda mi integridad. A pesar de ello, insisto; busco abiertamente a un águila que camine segura de sí misma, que muestre su alegría de vivir, que tenga un profundo respeto, comprensión y aprecio de los seres vivientes, al trabajo y a los bienes de la vida.

En ese instante, el Águila sintió que el Pájaro Azul la observaba profundamente, como adivinando lo que pensaba y tenía dentro de sí.

Lentamente, el Pájaro Azul se posó en su corazón, estableciendo para siempre una mutua dependencia entre el Amor y el alma del Águila.

Ambos estaban conscientes de la aceptación y respeto que guardarían a su integridad e individualidad. El Amor aumentó la grandeza del Águila.

A partir de ese momento, practicó su vuelo con mayor cariño; sentía gozo y amor en cada actividad que realizaba. Y actuaba con sinceridad y dulzura con todos sus semejantes.

En las diferentes etapas de su ascenso, encontró muchas barreras y peligros; luchó abiertamente contra los vientos, las corrientes y las tormentas de la vida. Hubo momentos de flaqueza, de titubeos, de desaliento; pero *siempre decidió seguir adelante.*

Hasta que un día. . . ¡alcanzó la cima de la montaña!

Contempló absorta su grandeza. Observó abiertamente el horizonte. Descubrió lo inmenso que es el mundo; sus bellezas y oportunidades. *Comprendió el significado de estar más cerca del Sol.*

Reafirmó su propio compromiso, su naturaleza, su realidad, ubicación y participación en el mundo.

Y apareció en ella un sentimiento de

satisfacción, de éxtasis, de felicidad,
de plena realización.

Levantó sus alas al cielo. Cantó a la
vida, a la alegría, a la libertad.

Gritaba:

"¡Éste es el destino de las águilas!
¡Éste es el destino de las águilas!

¡Ve, Creador,
lo que has hecho!"

Contempló otra vez al
Sol. . . y lloró.

P OSADA en la cima de la montaña, trataba de encontrar la razón de su gozo, de su éxtasis; de esa euforia que sentía dentro sí. Escuchó a su voz interior que lentamente le decía:

"Has empezado a saborear la satisfacción de las necesidades superiores de las águilas; por eso estás ahora más cerca de tu propia naturaleza, puedes dar mayor razón a tu existencia y desarrollar tus potencialidades. El solo hecho de aspirar a la satisfacción de estas necesidades te ha estimulado a la búsqueda más profunda de ti misma y de tu medio, y te ha permitido desde ahora sentir los goces de la realización.

"Lograrás la satisfacción de estas necesidades superiores con mayor plenitud cuando busques continuamente opciones de vida, diferentes caminos que seguir; no cambies tus valores trascendentales, tus objetivos y tu propia naturaleza por la seguridad y la comodidad. Y cuando elijas o rechaces por ti misma lo que debes o puedes hacer y aceptes sus consecuencias, *estarás acercándote a la libertad.*

"Cuando realices la búsqueda continua de descubrirte a ti misma y logres conocer y valorar los elementos y fuerzas internas y externas, habilidades, sentimientos y valores que intervienen en tu comportamiento y en tu propia existencia, y cuando te aceptes tal como eres, susceptible de desarrollo, y logres intuir la unidad y armonía de tu ser, *estarás más cerca de ti.*

"Cuando consigas dar utilidad y valor a tus actos, a base de preguntarte: ¿por qué lo hago?, ¿cuáles son mis valores, ideologías e ideales?; y cuando alcances a cimentar tu propia filosofía de vivir, estimulante, retadora y sublime, según la cual cada acto exprese lo que eres capaz de hacer, crear, trasformar y amar,

te habrás manifestado
a ti misma.

"Cuando llegues a amar a cada ser y a cada acto que él realiza, con sinceridad y respeto, y lo aceptes tal y como es, con sus valores, ideologías, orígenes y creencias; y consigas comunicarte con él libremente, sin vanidades ni egolatrías, acercándote profundamente a ti misma y a los demás; y cuando vivas con amor recibiendo sus beneficios sin esperarlos, *te habrás amado a ti misma.*"

El Águila se encontraba sorprendida de la belleza de los sentimientos que de ella brotaron al llegar a la cima de la montaña. No alcanzaba a comprender del todo lo que estaba sucediendo. Se detuvo un momento a reflexionar, a ordenar sus pensamientos, a tratar de jerarquizarlos.

Siguió gozando de las alturas y de los vientos. Aumentaba cada vez más su éxtasis; ahora comenzaba a estar consciente de sus elementos de satisfacción.

De nuevo escuchó su voz interior, que le decía:

"También alcanzarás a satisfacer con mayor intensidad tus necesidades superiores cuando busques continuamente tu desarrollo integral, con el que conjugues y equilibres todos los elementos fundamentales de tu ser (tu «bien ser», «bien hacer», «bien estar» y «bien tener») en todas las actividades de tu vida. Y cuando alcances a desarrollar y consolidar tu voluntad, conocimientos, habilidades, talento, valores y conducta, *podrás crecer por ti misma.*

"Cuando llegues a entender tu medio, lo desafíes con agresividad e inteligencia, y te integres a él activamente, consciente de que él puede influir en ti y tú en él; y cuando consigas superarte a ti misma, superar a tu propio medio y orientarlo hacia valores, creencias, ideologías y conductas que permitan la realización de las águilas,

habrás abierto los caminos, conocido los medios y encontrado los fines.

"Al aceptar que en el mundo tu presencia es única, buscarás trascender a través de tus actos, y dejar una huella dondequiera que estés. Y cuando tus actos realizados contengan los elementos de visión, extensión y perfección, y te orientes a la inmortalidad de tu ser, *habrás trascendido a ti misma.*"

Su voz interior se fue perdiendo suavemente dentro de ella.

El Águila expresó abiertamente, en voz alta, su sentimiento:

"*Éste es el destino de las águilas.*"

ALEGRE y segura de sí misma, revoloteó varias veces en las alturas. Le llamó la atención la tumba de un águila, que brillaba como un lucero en la cima de la montaña. Se acercó y leyó:

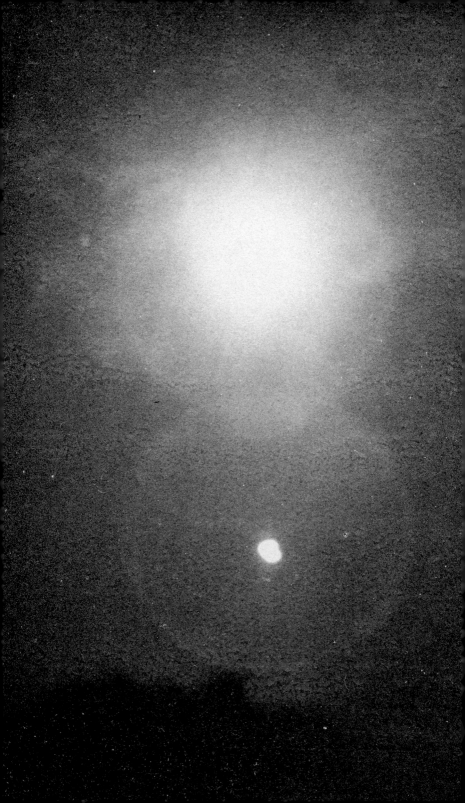

EPITAFIO

En memoria del águila
que se hizo presente a través
de sus pensamientos y acciones;
que supo elegir el lugar y el momento
para darnos una obra genial,
por lo vasto de su horizonte
y la extensión de sus aplicaciones.
Un águila que con sus hechos,
su conducta y su amor,
nos ha permitido que la recordemos
eternamente.

El Águila experimentó una gran satisfacción al saber dónde enterraban a las águilas realizadas. Y surgió dentro de ella una inquietud:

"¿Qué escribirán sobre mi tumba?"

Al preguntarse esto sintió de cerca la muerte. Como si temiera que su éxtasis y su plenitud fueran momentáneos. Y trató de olvidar este sentimiento.

Desde allí observó lo grandioso de la obra de Dios: el prodigio de la naturaleza, el equilibrio y unidad de todos los seres. Logró captar mejor las oportunidades de realización de las águilas: todo lo que éstas estaban desaprovechando. Esta experiencia provocó en ella una mayor afirmación a la vida.

Pensó en sus hermanas. Aquellas que viven en el valle húmedo, frío, obscuro, que no han sentido lo que es llegar a la cima. La entristecía recordar el mundo que ellas mismas se habían forjado: su falta de compromiso, de valor y de dignidad.

Conforme reflexionaba, sus preguntas fueron cada vez más profundas. Principió a descubrir nuevas respuestas sobre su naturaleza y circunstancias. Se preguntaba:

"¿Cuál es mi misión? ¿Será acaso gozar individualmente mi realización? ¿Qué debo hacer con mis conocimientos, experiencias y sentimientos?"

Permaneció largo rato en silencio; trataba de ordenar sus pensamientos, de encontrar *cuál era su misión en el mundo.*

A la mañana siguiente, apareció el Águila en el valle, haciendo partícipes a todas las águilas de su realización.

Algunas la tildaron de loca; otras, de idealista; y no faltó quien pensara que era un ser de otro mundo.

El Águila siguió su camino. Ansiosa, continuó experimentando, aprendiendo y reafirmando su confianza de manera ingenua y sincera. No desperdiciaba ocasión de despertar en todas las águilas el deseo de comprometerse, de realizarse.

Les hablaba de su naturaleza, de sus potencialidades, de buscar satisfacer necesidades superiores, de fijar objetivos concretos en todas sus actividades. De aprender a superar las crisis. De retarse y decidir correr riesgos de vida y de cómo salir de su mediocridad, conformismo y cautiverio. *De buscar el camino del compromiso y de la realización.*

Al volver a la montaña, el Águila se sorprendió: se encontró con varias águilas en búsqueda. Algunas ya habían llegado a la cima; otras, estaban intentándolo.

Comprendió que no era la única.

Este encuentro le preocupó; pasaron por su memoria aquellos momentos en que decidió iniciar su búsqueda, sus experiencias, decisiones, sus riesgos y satisfacciones.

Empezó a sentirse insatisfecha: percibía que existía algo nuevo para ella. La montaña comenzó a parecerle chica; su éxtasis y satisfacción habían disminuido. Entró otra vez en crisis. *Necesitaba nuevas experiencias.*

Y se preguntó:

"¿Qué representó el Granjero en mi búsqueda? ¿Habrá otros caminos para salir de nuestra situación? ¿Existirán otras cimas más altas?"

Su voz interior le respondió:

"El Granjero representa la reflexión íntima, sincera y profunda de las águilas, o la ayuda externa que nos brinda información, alternativas y oportunidades para salir de nuestra situación.

"Las aves de corral simbolizan a los seres con espíritu de dependencia, de conformismo, de mediocridad, en una actitud de espera; que viven dentro de su propio cautiverio, sin utilizar sus facultades y talentos.

"Para llegar a la realización, existen diferentes caminos e influyen variadas circunstancias, que facilitan que las águilas

¡La búsqueda
es eterna!

¡Sal a buscar
nuevos retos!

vuelen alto, o se queden con las alas cortadas ¡La búsqueda es eterna!

"El mundo necesita una continua transformación y seres con espíritu creativo. Has vivido solamente una etapa de tu vida. *Sal a buscar nuevos retos.*"

Siguió el Águila escuchando las palabras de su voz interior, que retumbaban en sus adentros, que le brindaban una nueva razón de vivir y le pedían que renovara su compromiso. *Y reafirmó su compromiso.*

Sintió que despertaba dentro de sí un impulso hacia la búsqueda de nuevos retos. Y decidió escalar montañas más altas,

"¡Buscar nuevas experiencias!"

ANTES de iniciar nuevas búsquedas, decidió escuchar los dictados de su corazón, que le decían:

"Vuelve al valle, comunica tu encuentro, y ayuda."

Y volvió al valle.

Las águilas, asombradas, observaban cómo el Águila *crecía constantemente, ante sus ojos y ante sí misma.* Tenía un gran dinamismo y entusiasmo, y era capaz de poder satisfacer todas sus necesidades. Se preguntaban:

—¿De dónde adquiere tanta confianza, toda su fuerza de voluntad, esa energía interminable, esa vasta alegría de vivir?

Y la mayoría aseguraba:

—Es un águila que se alimenta de la Luna. La Luna es la única que puede darle esa energía. Si no, ¿de dónde más puede sacarla?

El Águila seguía creciendo, y escuchaba. Inconformes con su situación y deseosas de salir y alcanzar la realización, un grupo de águilas en búsqueda acudieron un día ante el Águila, y le preguntaron:

—¿Cuál es tu gran secreto?

El Águila, tranquila y alegre, les contestó:

—La energía, seguridad, fuerza de voluntad y alegría de vivir que ustedes ven en mí y que yo siento, la obtengo de mí misma, de lo que hago y de lo que soy. Es mi fuente de energía propia, tan natural como el aire, el agua, el sol. ¿El secreto? Es haberme conocido a mí misma; haber entendido los procesos y las leyes que me rigen, tanto internos como externos. *Saber de lo que soy capaz*. Es mantener una búsqueda retadora hacia la realización, que me engrandece y me ayuda a satisfacer necesidades superiores y a utilizar más mi potencial. Es haber integrado en mi ser la *conducta de compromiso*, que ha sido la fuente de mi voluntad y del autocontrol, de mis acciones y pensamientos. Hasta llegar a *gobernarme a mí misma*. Aceptarán que no me alimento de la Luna, y que cada una de ustedes cuenta con su propia fuente de energía vital, cuyo funcionamiento depende del compromiso que cada quien adquiera consigo mismo, y de la dirección de sus acciones y pensamientos.

En la expresión de las águilas en búsqueda, se dibujó una gran alegría y satisfacción. Todas participaron abiertamente su deseo de integrar el compromiso, en cada una de las actividades de su vida.

Y con una firme decisión añadieron:

—*Ésta será la nueva filosofía de las águilas.*

Al retirarse el Águila para proseguir su búsqueda, un águila deseosa de alcanzar su realización le preguntó:

—¿Hacia dónde vas?

—*¡A la cima de la montaña más alta!* —contestó el Águila, casi gritando de emoción.

Y el Águila Deseosa de realizarse insistió de nuevo:

—¿Hacia dónde vas?

—¡A la cima de la montaña más alta!

—Águila: y todo ese potencial, ese espíritu de libertad y esa seguridad que tú tienes, ¿en dónde lo encuentro?

El Águila, serena y segura de sí, contestó:

¡Dentro de ti!

ECTURA PARA
oda la familia

Alfonso Lara Castilla

Es el escritor de mayor éxito en México y Latinoamérica
on más de 2,000,000 de ejemplares vendidos y uno de los
más leídos por la juventud.

Utilizados por padres, maestros y directivos
para invitar a hijos, alumnos y empleados a
comprometerse individual y socialmente.

Alfonso Lara Castilla es el escritor más leído por la juven-
ud y toda la familia.

Lectura amena, motivante, sencilla, de fácil
comprensión y rápida concentración.

A precios accesibles para todo público.

WS NOV 1 2 2010